Andrés Salaverría Galván

AUTOPROTECCION PARA TECNICOS EN PREVENCION

© Andrés Salaverría Galván

ISBN: 978-1976239595

Cartagena - Murcia, 2017

DEDICATORIA

A Dios todopoderoso, mi esposa Jessica Ramos Medina, mi madre Audelina Galván Vera, hermanos, amigos y a todo aquel que en materia de prevención realice planes de autoprotección

4

INDICE

EL AUTOR

PROLOGO

CAPITULO 1

EVOLUCION DE LA HIGIENE Y SEGURIDAD EN EL TRABAJO

Historia de la seguridad en el mundo
Estados Unidos: mediados del siglo XIX
  Algunos entes y agencias de seguridad e higiene
  Personas y periodos destacados

CAPITULO 2

ASPECTOS FUNDAMENTALES DE LA SEGURIDAD EN EL TRABAJO

Protección integral
Prevención de accidentes
Clasificación de los riesgos dentro de la seguridad básica
Factores de los accidentes

Tipos de accidentes
Acto inseguro
Riesgo
Métodos de control de riesgos
Mapa de Riesgo

CAPITULO 3

PREVENCIÓN Y PROTECCIÓN EN EL AMBIENTE DE TRABAJO

La prevención integral
Proyectos de seguridad industrial (análisis de puestos de trabajo)
La normalización
Protección colectica e individual de los trabajadores
Mapa de riesgos
Equipo de protección personal o individual EPP/EPI

CAPITULO 4

PROGRAMAS DE PREVENCIÓN Y PLANES DE EMERGENCIA

Definición de emergencia
Fases de la emergencia
Brigadas de emergencia
Plan de Emergencia

CAPITULO 5

PLAN DE AUTOPROTECCION

Contenido de los planes de autoprotección

Características de la implantación

Norma ISO 22320 Sistemas de Gestión de emergencias

BIBLIOGRAFIA

EL AUTOR

Andrés Salaverria Galván, nació en Caracas, Venezuela el 05 de mayo de 1982. Es Criminólogo egresado de la Universidad Europea Miguel de Cervantes y Escuela de Criminología de Cataluña.

Director de Seguridad y Profesor acreditado por la Dirección General de la Policía y Guardia Civil en España para impartir formación en centros de seguridad privada.

Máster en Prevención de Riesgos laborales en las especialidades de: Seguridad en el trabajo, higiene industrial, ergonomía y psicosociología aplicada. Ha sido auditor en diversas áreas, destacando la Auditoría en Prevención de Riesgos Laborales. (SGPRL Norma Ohsas 18001). De igual manera, la Investigación de Accidentes laborales, siniestros y práctica pericial.

PROLOGO

"Autoprotección para Técnicos en Prevención", es un libro que va dirigido a personas que requieren implementar planes de emergencia y de autoprotección, se hace especial mención a la normativa de referencia dentro de la función de seguridad integral consiguiendo articular los conceptos de prevención y autoprotección.

Se abordan cinco capítulos destinados a integrar a todos los intervinientes en la implantación de planes de autoprotección y de los sistemas de gestión de emergencias, en el mismo sentido, tiene como finalidad la adopción de medidas destinadas a la convivencia con el riesgo tanto para las organizaciones como su interacción con la comunidad. A la vez, es un compendio de extractos normativos que en mi vida profesional y tras varias conversaciones con empresarios y trabajadores, logran el acuerdo y el asumir la seguridad como un patrón de comportamiento.

Para facilitar la aplicación de cada uno de los temas que se abordan se plasman una serie de razonamientos bajo la concepción de corolario, ya que este es un término que se utiliza en matemáticas y en lógica para designar la evidencia de un hecho ya demostrado, y que en materia de riesgos laborales supone el abordaje de una posible consecuencia tan evidente que no necesita demostración. De igual manera, en cada capítulo y a modo de refuerzo los puntos claves se presentan en el apartado "para recordar".

CAPITULO 1

EVOLUCION DE LA HIGIENE Y SEGURIDAD EN EL TRABAJO

Historia de la seguridad en el mundo
    Estados Unidos: mediados del siglo XIX
        Algunos entes y agencias de seguridad e higiene
        Personas y periodos destacados

EVOLUCION DE LA HIGIENE Y SEGURIDAD EN EL TRABAJO

En la historia, siempre ha importado la explicación de los hechos ocurridos en el pasado, para poder explicar el presente. En lo concerniente a la evolución de las actividades productivas, en todas las etapas históricas, cada invención y solución alternativa que supone un cambio de era y periodo ha traído como consecuencia la generación de nuevos elementos que originan daños.

En este sentido, el abordaje de los procesos, desde el punto de vista histórico, cobra especial importancia. El hecho más resaltante es, sin duda, la revolución industrial; que marcó una nueva forma de producción serial, y trajo, con el uso de las máquinas en el ambiente laboral, el incremento de accidentes con consecuencias directas en el hombre, su salud y el ambiente.

Desde la antigüedad, el desarrollo logrado por la actividad productiva ha cobrado millones de vidas, originando que se considere al Accidente de Trabajo y a la Enfermedad Profesional como fatales acompañantes del trabajo cotidiano del hombre. A través de la historia, el trabajo ha jugado el papel más importante en el desarrollo del hombre.

La evolución de la Higiene y Seguridad Industrial, en todos los campos, ha estado en concordancia con los progresos de la humanidad. Es de suponer que, en la antigüedad, el número de trabajadores afectados por accidentes de trabajo era suficiente para hacerse observable, pero la ausencia de alguna referencia, en relación con los riesgos del trabajo, indica que no existía interés general en el bienestar de los trabajadores.

Excepto en los casos de los castigos (multas) que se daban en forma de indemnizaciones, y que eran requeridos por la ley, sólo en determinados casos; parecía que las lesiones ocasionadas por el trabajo eran consideradas como un mal que era necesario soportar.

Historia de la seguridad en el mundo

En el año 1770 a.C., concretamente en la figura del rey de Babilonia, **Hammurabi** (1792 – 1750 a.C.), se encuentra el primer Código Legal (conocido como el Código de **Hammurabi**), donde figuran 282 leyes; algunas de las cuales se refieren a los accidentes en la construcción y sus responsabilidades civiles y penales.

Por ejemplo, la Ley nº 229 habla de la responsabilidad profesional, donde un arquitecto que haya construido una casa que se desplome sobre sus ocupantes, y les haya causado la muerte, es condenado a la pena de muerte. Está claro que las cosas han cambiado, y que ha tocado vivir otros tiempos.

La relación entre enfermedades y distintas actividades laborales era ya conocida desde la antigua Grecia. **Hipócrates** (s. IV a.C.) estudió los efectos nocivos del plomo en los mineros de la galena. A lo largo de los siglos, distintos estudiosos de la medicina fueron documentando ese tipo de relaciones causales entre diferentes trabajos y enfermedades específicas.

Lo anterior derivó, durante el renacimiento italiano, en la publicación del ensayo *"De Morbis Artificum Diatriba"* (1700), de **Bernardo Ramazzini**, donde se describen decenas de enfermedades profesionales de distintos oficios (considerado el documento fundacional de la actual disciplina denominada "Higiene Industrial").

Hasta el s. XIX, todo ese conjunto de conocimientos no tuvo consecuencias prácticas en la protección de los trabajadores, pero el recrudecimiento de las condiciones de trabajo de grandes masas de mano de obra, fruto de la Revolución Industrial, obligó a los estados-nación, presionados por los movimientos y organizaciones obreras, a establecer tímidamente normas protectoras (como las que regulaban el trabajo de los niños en las industrias manufactureras y de minería).

A partir de los años 90 del siglo pasado (es decir, ayer, desde una perspectiva histórica) es que se desarrolla, en los países del primer mundo, todo un sistema normativo de carácter preventivo (esto quiere decir, aplicar medidas para que no se produzcan daños en los trabajadores a consecuencia del desempeño de sus tareas), impulsado por un organismo internacional, como es la Organización Internacional del Trabajo (OIT).

Antes de la aparición de la máquina de vapor, los progresos logrados en el área de la seguridad laboral se reducían a la observación de que "parecían" asociarse ciertas enfermedades con ocupaciones particulares, pero no se obtuvo ningún avance de la Prevención de Accidentes de Trabajo.

Con la Revolución Industrial, apareció la máquina de vapor, la transmisión por poleas y el descubrimiento de la electricidad. Esto trajo como consecuencia una era destinada a afectar la vida del trabajador; debido a la transformación radical del modo de producción, el cual trajo consigo un aumento inusitado de mano de obra expuesta a los riesgos de trabajo.

Como antes, se siguieron empleando hombres, mujeres y niños en cualquier tarea y horario, expuestos a locales de trabajo estrechos, mal iluminados, faltos de ventilación, sucios, desordenados y sin protección en el uso de herramientas y máquinas (esta última condición se convirtió en la principal fuente de accidentes de trabajo).

El desconocimiento de la naturaleza tóxica de las sustancias y materiales empleados, a su vez, multiplico la producción de Enfermedades Profesionales. En Inglaterra, un movimiento social se tradujo en la Ley de Fábricas que prohibió la explotación del niño y la mujer, creó la Inspección del Trabajo y limito la jornada de trabajo juvenil.

Más tarde, en 1867, esta Ley fue ampliada para incluir las Enfermedades Profesionales, exigir la protección de la maquinaria, ventilación mecánica para la eliminación de los polvos y la prohibición de la ingestión de alimentos en el puesto de trabajo.

Al mismo tiempo, los empresarios ingleses se dieron cuenta del alto costo que tenían las jornadas de trabajo (pérdidas por enfermedad o muerte prematura de sus obreros), las cuales obligaban a la adaptación de los nuevos operarios que debían sustituir a aquellos que perdían la capacidad para seguir trabajando.

Este ejemplo fue seguido por las demás naciones europeas. Se normó que: al hombre que trabajara no solamente se le pagaría un salario, sino que era necesario proporcionarle seguridad contra los accidentes que pudieran ocurrir y las enfermedades que pudiera adquirir, durante sus labores.

En París, durante 1883, se fundó, por iniciativa de numerosos trabajadores industriales, la "Asociación de Industriales contra los Accidentes de Trabajo". A ella se le pagaban cuotas, de acuerdo a la cantidad de obreros en la industria, y de ella se recibía, a cambio, asesoramiento y asistencia en todos los problemas de seguridad en la fábrica.

La conquista de mayor trascendencia de los trabajadores organizados ocurrió en la ciudad norteamericana de Chicago, donde se concatenó un movimiento mundial por la reducción de la jornada laboral; que, para ese entonces, era de 12 a 14 horas.

La Asociación Internacional de Trabajadores, fundada por Marx y los anarcosindicalistas norteamericanos de origen europeo, fue el motor de esta lucha (cuya importancia radica no sólo en las 8 horas de trabajo, sino también por las 8 horas de cultura y 8 horas de descanso, factores que aún siguen siendo las metas de los trabajadores en muchas partes de mundo).

Estados Unidos: mediados del siglo XIX y comienzos del XX

Estados Unidos es un país que ha representado a nivel internacional una gran importancia en materia de seguridad industrial y donde se han hecho grandes aportes. En este periodo, las fábricas americanas se encontraban en rápida y significativa expansión, al tiempo que los accidentes laborales se incrementaban de manera persistente y exorbitante.

Durante 1867, en Massachusetts, comenzaron a prestar servicio los inspectores industriales o fabriles.

En 1877, se promulgó la primera ley que obligaba a resguardar toda maquinaria peligrosa. Más tarde, se realizaron esfuerzos para establecer responsabilidades económicas al respecto.

Durante 1911, en Wisconsin, se aprobó la ley de responsabilidades económicas.

A comienzos de 1912, en la ciudad de Milwaukee, se celebró el primer Congreso de

Seguridad Cooperativa, organizado por la Asociación del Hierro y el Acero de los Ingenieros Eléctricos.

Para 1913, en New York, se celebró el congreso donde nació formalmente el NATIONAL COUNCIL FOR INDUSTRIAL SAFETY; que, poco tiempo después, se denominó NATIONAL SAFETY COUNCIL (N.S.C), como es conocido en la actualidad.

Algunos entes y agencias de seguridad e higiene

• Occupational Safety and Health Administration (OSHA).

• The National Institute for Occupational Safety and Health (NIOSH).

• American Conference of Industrial Hygienists (ACGIH).

• American Industrial Hygiene Association (AIHA).

Personas y periodos destacados

Nombre	Hecho conocido
Theophrastus Phillippus Aureolus Bombastus von Hohenheim (conocido como **Paracelso**).	Padre de la Toxicología: *"La diferencia entre un tóxico y un medicamento es la dosis"*.
Fray Bartolomé de las Casas.	Primera persona que se atrevió a denunciar los abusos del colonialismo.
Bernardo Ramazzini.	Padre de la "Medicina del Trabajo": autor del libro *"De Morbis Artificum Diatriba"* (traducción aproximada del latín a: "La Escuela de las Enfermedades de los Artesanos").
Revolución industrial (1750-1840) (1880-1914).	El crecimiento avanzado y la generación de industrias, fábricas, tecnologías y sistemas, supuso nuevos procesos productivos y factores de riesgo.
Henry Ford.	Introdujo el modelo de producción

	en serie o en cadena, en su fábrica de automóviles en Estados Unidos. El primer vehículo construido bajo este método se fabricó en 1908.
Frederick Winslow Taylor.	Creador del sistema de organización en el trabajo con división en tareas en los procesos (Taylorismo). Este consistía en eliminar los movimientos de los obreros por la fábrica, para así disminuir lo que en ingeniería se conoce como "tiempos muertos" (1911).
Heinrich, Bird, Tye y Person	**Heinrich,** en la década de 1930, introdujo su famosa pirámide que establecía que por cada accidente fatal se producían unos 30 leves y 300 incidentes (o accidentes blancos sin lesión). En desuso actualmente. Posteriormente, otro estadounidense, **Frank E. Bird**, alrededor de 1969, introdujo otra pirámide basada en el estudio de un millón y medio de reportes de investigación.

	Por su parte, entre 1974 y 1975, **Tye** y **Person** trabajaron en su propia pirámide.
Segunda Guerra Mundial (1939-1945).	Avances tecnológicos a nivel mundial, en general, con fines bélicos y, en algunos casos, para protegerse.
Toyotismo	Productividad basada en organización y gestión así como el trabajo conjunto.

Figura 1: Personas y periodos destacados

Corolario

Utilizando una línea de tiempo, como herramienta de estudio, es posible darse cuenta de las actividades productivas que se desarrollaron a lo largo del tiempo y que fueron documentadas por el impacto que suponen permitiéndonos destacar:

1. En la actualidad, dentro de algunas áreas que se menospreciaron a nivel productivo y de negocio; las mejoras en seguridad e higiene se presentan como una necesidad real (por ejemplo, el caso de la producción agrícola).

2. Con la aparición de normativa destinada a proteger la salud y seguridad del trabajo en todos sus aspectos, el control y análisis de riesgo de los puestos de trabajo se ha venido haciendo de diversas formas. A pesar de que ahora existan fichas dentro de las normativas técnicas y de auditoría, las mismas son el resultado de una evolución histórica.

3. La importancia de resaltar hechos y acontecimientos que han marcado las pautas actuales en todas las áreas enfocadas a la prevención de riesgos dentro de las actividades laborales, permite reflexionar e invita a investigar los antecedentes previos, dentro de la ejecución de dichas actividades.

4. Se debe tener en cuenta que los avances tecnológicos suponen una reevaluación constante, y una mejora continua, tanto en los procesos como en su documentación.

PARA RECORDAR

El Código de Hammurabi (primer Código Legal en la historia) data del año 1792 – 1750 a.C.

En el Código de Hammurabi figuran 282 leyes, algunas de las cuales se refieren a los accidentes en la construcción, y sus responsabilidades civiles y penales.

En el siglo IV a.C., desarrollando los primeros estándares de seguridad, Hipócrates estudió los efectos nocivos del plomo, en los mineros de la galena.

Durante la revolución industrial, la principal fuente de accidentes de trabajo fueron las herramientas y máquinas sin protección.

Durante la revolución industrial, el principal factor que multiplicó la producción de Enfermedades Profesionales fue el desconocimiento de la toxicidad de las sustancias y materiales empleados.

La Ley de Fábricas que prohibió la explotación del niño y la mujer en Inglaterra fue promovida por un movimiento social.

En París, durante 1883, constituyendo la primera empresa de asesorías en el área de la seguridad, por iniciativa de numerosos industriales, se fundó: la Asociación de Industriales contra los Accidentes de Trabajo.

En 1867, como pioneros en la implementación de protocolos de seguridad industrial, comenzaron a prestar servicio, en Massachusetts los inspectores industriales o fabriles.

Creando precedentes para el establecimiento de leyes reguladoras de las actividades laborales; la llamada industria doméstica o "*domestic system*" se caracterizó por realizarse en casa de particulares, generalmente, campesinos.

A objeto de incrementar su rendimiento, Frederick Taylor propugnó la organización científica del trabajo

Entre otras razones, debido a la carencia de leyes reguladoras de las actividades laborales e higiene el régimen demográfico antiguo se caracterizó por las altas tasas de natalidad y de mortalidad.

CAPITULO 2

ASPECTOS FUNDAMENTALES DE LA SEGURIDAD EN EL TRABAJO

- Protección integral
- Prevención de accidentes
- Clasificación de los riesgos dentro de la seguridad básica
- Factores de los accidentes
- Tipos de accidentes
- Acto inseguro
- Riesgo
- Métodos de control de riesgos
- Mapa de Riesgo
- Corolario
- Para recordar

ASPECTOS FUNDAMENTALES DE LA SEGURIDAD EN EL TRABAJO

En toda actividad productiva, deben existir condiciones mínimas de configuración y diseño. En materia de seguridad del trabajo siempre debe haber una disposición de elementos y medidas destinadas a la protección del trabajador, sus tareas y el resultado final, enfocado a la calidad del producto.

Esta actividad laboral supone el tener en cuenta una serie de factores a los cuales se les debe hacer control y seguimiento. Es allí donde la inspección y la supervisión juegan un papel significativo en la detección temprana y elaboración del catálogo de factores que, por su naturaleza, podrían hacer del trabajador y sus actividades un elemento vulnerable.

Por ello, este capítulo de aspectos fundamentales en materia de seguridad en el trabajo constituye una aproximación a los puntos críticos que se hayan presentes en el desarrollo de la actividad laboral. Dichos puntos se enmarcan en las acciones del trabajador, las maquinas y sus partes, la evaluación del riesgo, la prevención y control de accidentes, y otras definiciones básicas que van a permitir descomponer los procesos y determinar sobre qué etapa de la actividad laboral debe hacer más énfasis la acción preventiva.

Protección integral

La protección integral del trabajador se constituye como uno de los elementos primordiales en los procedimientos de inspección, los cuales tienen dos objetivos básicos:

1. Mantener un medio de trabajo seguro, y controlar aquellos actos que atenten contra la seguridad.

2. Mantener la rentabilidad de la operación.

Las inspecciones de seguridad son uno de los medios principales para detectar las causas de accidentes; permiten determinar que protecciones o medios son necesarios para protegerse de los peligros antes de que lleguen a producirse accidentes o lesiones personales.

Las inspecciones en el control de calidad (correspondientes al proceso de fabricación) tienen una elevada importancia, como también las enfocadas a la seguridad para controlar los riesgos de accidentes.

La detección de condiciones y prácticas inseguras, por medio de la inspección y su rápida corrección, es uno de los métodos ideales que se pueden emplear para prevenir accidentes y proteger a los trabajadores.

El uso de sistemas de inspección, por parte de las organizaciones, demuestra, a sus trabajadores, interés en la prevención de accidentes. Por el contrario, si no se descubren y corrigen las condiciones inseguras, los trabajadores perderán confianza en sus empleadores.

Las inspecciones contribuyen a vincular a los trabajadores, en el programa de seguridad. Cada vez que un inspector o comité de inspección recorre la zona de trabajo demuestra el interés de la organización por la seguridad.

Las inspecciones periódicas de las áreas de trabajo animan a cada uno de los trabajadores a inspeccionar a su vez las zonas inmediatas a su lugar de trabajo. Además permiten que el personal del departamento de seguridad entre en contacto con los trabajadores por separado, y consiga su colaboración para eliminar los accidentes.

PREVENCIÓN DE ACCIDENTES

Es una disciplina destinada a evitar los accidentes en todas las actividades de la vida humana, sin determinar su campo específico de aplicación.

Accidente

Es todo suceso imprevisto y no deseado que interrumpe o interfiere el desarrollo normal de una actividad, y que origina una o más de las siguientes consecuencias:

- Lesiones personales.
- Daños materiales.
- Pérdidas económicas.

Incidente

Es todo suceso imprevisto y no deseado que interrumpe o interfiere el desarrollo normal de una actividad, sin consecuencias adicionales.

Accidente de Trabajo

Es toda lesión resultante de la acción violenta de una fuerza exterior que puede ser determinada en el curso del trabajo o con ocasión del mismo (puede presentarse de forma funcional o corporal, permanente o temporal, inmediata o posterior a su causa).

Como accidente de trabajo, será igualmente considerada toda lesión interna determinada por un esfuerzo violento, sobrevenida de las mismas circunstancias.

Lesión

Es el daño corporal producido como consecuencia de un accidente de trabajo o de una exposición prolongada a factores exógenos capaces de producir una enfermedad profesional (puede presentarse de forma funcional o corporal, permanente o temporal, inmediata o posterior a su causa).

Peligro

Es cualquier condición o costumbre que pueda representar una causa de daños físicos, lesiones, enfermedades o daños a la propiedad.

Clasificación de los riesgos dentro de la seguridad básica

Se ha visto que los riesgos son el potencial de ocurrencia de un accidente, ahora se verá cómo pueden clasificarse.

Riesgos Físicos

Se considera riesgos físicos a aquellos elementos energéticos agresivos presentes en el ambiente, y generados por fuentes concretas (agentes). Entre ellos se encuentran los siguientes:

- Iluminación.

- Temperaturas extremas.

- Electricidad.

- Superficies y objetos.

Riesgos Químicos

Son todas aquellas sustancias simples o combinadas que existen en su estado natural, o producidas por el hombre, capaces de producir impactos en el organismo humano. Se presentan en cualquiera de los estados de la materia.

Riesgos Psicosociales

Son todos aquellos factores emocionales generados en el trabajo que pueden afectar su desempeño laboral.

Factores de los accidentes

Son los elementos que conforman la información acerca de un accidente. Ellos son:

El Agente

Este es el objeto o sustancia que está más estrechamente relacionado con la lesión.

Ejemplos de Agente:

- Maquinarias y herramientas.

- Maquinaria pesada.

- Animales.

- Electrodomésticos.

- Sustancias químicas.

- Superficies de trabajos no clasificadas.

Partes del Agente

Es la parte del objeto (agente) que está relacionada con, o produjo, la lesión.

Condición Física o Mecánica Insegura

Es el estado, condición o forma en que se encontraba el agente. Entre ellos, se encuentran:

- Agente protegidos en forma deficiente.

- Agentes defectuosos.

- Arreglos peligrosos.

- Iluminación inadecuada.

- Ventilación inadecuada.

- Ropa inadecuada.

- Equipos de protección inseguros.

Tipos de accidentes

Es la forma como se realizó el contacto, la exposición o el movimiento entre el lesionado y el agente.

Atrapado en o entre

Es cuando la lesión es producida por el aplastamiento o compresión de la persona, o parte de sus miembros, entre un objeto en movimiento y otro estacionario, o entre dos objetos en movimiento.

Golpeado por

El objeto hace impacto o golpea, produciendo la lesión; siendo el movimiento o la fuerza transmitida por el mismo objeto y no por la persona.

Golpeado contra

La causa principal de la lesión, en este tipo de accidente, es consecuencia del movimiento de la persona lesionada; no el agente, o la acción de otra persona.

Caídas del mismo nivel

Son cuando la persona se lesiona por caer sobre la superficie en la que se encuentra (piso, plataforma, cubierta, entre otros), o con objetos colocados aproximadamente al mismo nivel de dicha superficie. Incluye las lesiones producidas por tropezones, y resbalones que resulten en caídas.

Caídas de diferente nivel o de un nivel a otro

Este accidente se produce al caerse de un nivel superior a otro inferior; lesionándose al hacer contacto con algún agente en el nivel inferior.

Abrasiones, punciones y excoriaciones

Son las lesiones que no resultan, específicamente, de impactos o golpes; sino que involucran daños a los tejidos, como resultado de contacto fuerte contra superficies o cuerpos ásperos, puntiagudos, entre otros.

Esfuerzos Violentos

Abarca esguinces, luxaciones, hernias y lumbagos que resultan de esfuerzos bruscos o superiores a las condiciones físicas del individuo para halar y levantar objetos, como también para reponerse de resbalones y pérdidas de equilibrio.

Contacto con

Se trata del accidente en el cuál la lesión es producida por el contacto con alguna fuente de energía, bien sea térmica, mecánica o electromagnética, o con sustancias químicas.

Acto inseguro

Es la violación de una norma o una práctica que comúnmente se ha aceptado como segura. Esta violación tiene como consecuencia un determinado tipo de accidente.

Tipos de actos inseguros:

- Operar sin autorización o sin advertencia de que se va a realizar una operación.

- Operar o trabajar a velocidad insegura.

- Hacer inoperantes los dispositivos de seguridad.

- Empleo de equipos inseguros y herramientas inadecuadas.

- Adopción de posturas o posiciones inseguras.

- Reparar o hacer mantenimiento sobre equipos

en funcionamiento.

- Distraer, molestar o sorprender.

- No utilizar el equipo de protección personal.

Factor personal de inseguridad

En este término, se hace referencia al estado mental o físico que permite o provoca un acto inseguro.

Entre estos factores están:

- Actitud impropia.

- Falta de conocimiento.

- Defectos físicos.

Riesgo

Es la probabilidad de ocurrencia de un evento no deseado que puede ser un accidente o enfermedad. La exposición es una posibilidad de lesión, daño material o ambiental; es exponerse a un riesgo o correr un riesgo. Todas y cada una de las actividades llevan implícitos riesgos cuando son desarrolladas. Durante la ejecución de una tarea se puede estar expuesto a diferentes tipos de riesgos.

```
   PSICOSOCIALES     BIOLOGICOS      ERGONOMICOS
                       RIESGOS
        FISICOS                       QUIMICOS
```

Riesgos Físicos

Están constituidos por aquellos factores inherentes a las operaciones, realizadas en el puesto de trabajo y sus alrededores, que son producto, generalmente, de instalaciones y equipos. Estos riesgos incluyen ruidos, temperaturas extremas, presión barométrica y humedad extrema, iluminación, vibración, fuentes radiactivas (ionizante y no ionizante), y la electricidad.

Riesgos Químicos

Están constituidos por todas aquellas sustancias químicas que se encuentren en el área de trabajo o en sus alrededores. Su contacto o exposición, en concentraciones mayores de las permisibles, puede causar alteraciones en la salud.

Riesgos Biológicos

Son aquellos riesgos relacionados con las condiciones de saneamiento básico de la empresa, o de operaciones y procesos que utilicen agentes biológicos; refiriéndose a aquellos agentes infecciosos que puedan resultar en riesgo potencial para la salud personal.

Riesgos Ergonómicos

La ergonomía es la ciencia que estudia la adaptación del hombre a los sistemas o medios de trabajo, o viceversa, cuya preocupación fundamental es hacer la zona de interacción hombre/máquina/ambiente tan segura, eficiente y cómoda como sea posible.

Por ello, sus mayores intereses son el diseño del lugar de trabajo, la posición en el trabajo, el manejo de materiales manuales, los ciclos de trabajo, descanso y asientos. Existirán riesgos en el momento que se dejen de cumplir dichas condiciones.

Riesgos Psicosociales

Son aquellos factores de origen familiar, social y laboral a los cuales se enfrenta el trabajador y que pueden, entre otras cosas, originar condiciones de malestar, fatiga, ansiedad, apatía, estrés, disminución en el rendimiento del trabajo o desmotivación.

Métodos de control de riesgos

Aplicados a la Fuente

- Sustitución.

- Modificación del Proceso.

Aplicados en el Ambiente

- Confinamiento.

- Ventilación.

Aplicados en el Trabajador

- Adiestramiento.

- Protección Personal.

Saneamiento Básico

El Saneamiento Básico pretende proteger a los trabajadores de la exposición a agentes patógenos que constituyen un riesgo biológico de contraer enfermedades transmisibles, originadas por condiciones inadecuadas de higiene o limpieza. Los elementos principales del Saneamiento Básico son:

Agua Potable

Dotación de cantidades necesarias, de acuerdo al número de usuarios; análisis fisicoquímico y bacteriológico de la misma, para determinar si se encuentra dentro de los límites de tolerancia establecidos por las normas sanitarias, entre otros.

Disposición Adecuada de Residuos Sólidos

A fin de evitar la acumulación de insectos y emisión de olores que facilitan la contaminación del agua potable, alimentos y transmisión de enfermedades. Por ello, debe disponerse de envases herméticos que serán lavados periódicamente.

Disposición de Aguas Negras o Servidas

Deben ser conducidas a las cloacas rápidamente, o tratadas antes; en caso de ser resultado o participar en procesos químicos de producción.

Servicios Sanitarios

Dotación de piezas de acuerdo al número de usuarios, separados por sexo, con ventilación e iluminación adecuada.

Servicios Especiales

En caso de que la actividad laboral lo requiera, debe disponerse de cuartos y casilleros para facilitar el cambio de ropa de los trabajadores, o espacios para su descontaminación, si el trabajo realizado lo amerita.

Comedores

Deben cumplir con las disposiciones vigentes, emanadas de la autoridad sanitaria respectiva, en los siguientes aspectos: dotación de equipos, mobiliario, condiciones de limpieza, vestimenta del personal que labora en el área y condiciones de almacenamiento y manipulación de alimentos.

Control de Insectos y Roedores

Realización de fumigaciones, cuando así se requiera; considerando evitar la contaminación de alimentos o agua potable, durante este proceso.

Mapa de Riesgo

Cada sociedad laboral debe definir un plan de gestión integral de riesgo, basado en algunos elementos básicos, como:

- **Valoración y disposición de recursos para inversión preventiva**: en este se va a hacer énfasis en los principios, estrategias y procesos de ordenamiento territorial para reducir la vulnerabilidad.

- **Incorporación de los factores de vulnerabilidad y riesgo:** en el ciclo de preparación y evaluación de proyectos, y programas de desarrollo laboral.

- **Recolección de datos**: basado en una inspección previa y en antecedentes de eventos ocurridos.

- **Identificación de los riesgos más resaltantes:** y plasmarlos de forma gráfica en un plano del área laboral.

- **Notificación de riesgo:** la cual debe llegar a todos los trabajadores involucrados directa mente con el agente.

Corolario

Una vez culminado este capítulo de aspectos fundamentales, se puede empezar a entender:

1. La seguridad integral se presenta como un eje transversal en todas las fases productivas de una empresa.

2. Se puede abordar, en diversas concepciones, la prevención y el control de accidentes; esto repercutirá directamente en el impacto que supondrá la generación de daños y que puede llegar a superar la capacidad de la empresa.

3. En este sentido, es necesario proyectarse desde estas concepciones a desarrollar planes, programas y proyectos según la magnitud de las actividades que se desarrollan en una organización productiva; ya que, a medida que crece la empresa, las medidas a adoptar deben incrementarse proporcionalmente.

4. En consecuencia, se abordará la posibilidad de que ocurra un evento que origine daños dentro de la prevención de accidentes, y se tendrá que desarrollar un programa lo suficientemente amplio, en donde, a nivel operativo, el plan de emergencia actúe a tiempo; trayendo como consecuencia la disminución de pérdidas y lesiones en el recurso humano, y, consecutivamente, en la capacidad instalada de la empresa.

5. Utilizando la terminología adecuada, y la identificación precoz del agente y sus partes capaces de ocasionar lesiones, la gestión del riesgo y la elección de métodos de control son un buen comienzo en la toma de decisiones dentro de las funciones y objetivos de la seguridad en el trabajo.

PARA RECORDAR

La protección integral del trabajador se constituye como uno de los elementos primordiales en los procedimientos de inspección.

Entre sus objetivos básicos, la protección integral incluye **mantener la rentabilidad de la operación.**

La inspección de seguridad constituye uno de los medios principales para detectar las causas de accidentes. Permite determinar qué protecciones o medios son necesarios para protegerse de los peligros, antes de que lleguen a producirse accidentes o lesiones personales.

Las inspecciones en el control de calidad correspondientes al proceso de fabricación, con respecto a las enfocadas a la seguridad para controlar los riesgos de accidentes ambas tienen elevada importancia.

La detección de condiciones y prácticas inseguras, por medio de la inspección, y su rápida corrección son **uno de los métodos ideales que se pueden emplear**

para prevenir accidentes y proteger a los trabajadores.

El uso de sistemas de inspección por parte de las organizaciones d**emuestra a su personal el interés y ocupación en la prevención de accidentes.**

Las inspecciones contribuyen principalmente a **Vincular a los trabajadores con el programa de seguridad.**

Cada vez que un inspector o comité de inspección recorre la zona de trabajo, se demuestra e**l interés de la organización por la seguridad.**

Las inspecciones periódicas de las áreas de trabajo:

- Animan a cada uno de los trabajadores a inspeccionar a su vez las zonas inmediatas a su lugar de trabajo.
- Permiten que el personal del departamento de seguridad entre en contacto con los trabajadores por separado.

- Permiten que el personal del departamento de seguridad consiga la colaboración de los trabajadores para eliminar los accidentes.

La prevención de accidentes es **una disciplina destinada a evitar los accidentes en todas las actividades de la vida humana, sin determinar su campo específico de aplicación.**

12. El accidente origina una o más de las siguientes consecuencias:

- Lesiones personales.
- Daños materiales.
- Pérdidas económicas.

Puede ser considerada como accidente de trabajo, toda lesión interna determinada por un esfuerzo violento, sobrevenida en el curso del trabajo o con ocasión del mismo.

Los elementos que conforman la información acerca de un accidente son: **El Agente, sus partes y la Condición Física o Mecánica Insegura.**

La forma como se realizó el contacto del lesionado con el agente, o bien la exposición o el movimiento del propio individuo que le ocasiona la lesión, que determina **el tipo de accidente.**

Los métodos de control de riesgos aplicados a la fuente son la **sustitución y Modificación del Proceso.**

CAPITULO 3

PREVENCIÓN Y PROTECCIÓN EN EL AMBIENTE DE TRABAJO

La prevención integral

Proyectos de seguridad industrial (análisis de puestos de trabajo)

La normalización

Protección colectica e individual de los trabajadores

Mapa de riesgos

Equipo de protección personal o individual EPP/EPI

Corolario

Para recordar

PREVENCIÓN Y PROTECCIÓN EN EL AMBIENTE DE TRABAJO

Los responsables en materia de Salud y Seguridad Laboral, deben comprender (desde el punto de vista epistemológico y funcional de esta palabra) la seguridad como enfoque en la prevención y protección del lugar donde se desempeñen.

Además, los mencionados responsables han de velar por la seguridad en aquellos lugares donde, aunque no se desempeñen a tiempo completo, en principio de oportunidad, tiempo y espacio, y como deber moral, los trabajadores se hallen presentes y deban manifestar su posición en cuanto a la toma de decisiones con elementos a considerar para preservar la integridad física de los trabajadores, demás personas, instalaciones y procedimientos operativos.

En este sentido, el contenido del siguiente capítulo posee un enfoque de cuantificar, desde el modo explicativo, y comprender, desde lo cualitativo, la importancia de las medidas a tomar para la prevención, enfocada a evitar el posible daño, y la protección, destinada a aquellos elementos de riesgo que no fueron reducidos a su máxima expresión. Como consecuencia, se debe convivir con ellos, teniendo la necesidad de imponer las barreras suficientes.

La prevención integral

Las diversas actividades desarrolladas en la industria productiva plantean la necesidad de establecer e implantar una acción preventiva integrada en la empresa, mediante un plan de prevención de riesgos. Esta integración de la prevención afecta tanto a las fases de producción como a los niveles jerárquicos de la empresa. La prevención integral se define como el conjunto de técnicas encaminadas a reducir los riesgos y las lesiones de los trabajadores.

Prevención según el tipo de actividad

Para poner en práctica cualquier proyecto empresarial, se necesita una serie de autorizaciones administrativas que se deberán solicitar a la Administración Pública Local, Regional o Estatal correspondiente. El otorgamiento de la licencia de actividad le corresponde a la Administración Municipal. El proyecto técnico ha de ser elaborado por un técnico especializado en la materia, e inscrito en el registro profesional correspondiente.

Contenido Mínimo del Proyecto

Memoria explicativa.

Descripción de la actividad.

Maquinaria y equipamientos.

Diseño de las instalaciones.

Medidas correctoras.

Pliego de condiciones particulares.

Planos y esquemas necesarios.

Mediciones y presupuestos.

En caso necesario Estudio de Seguridad y Salud.

Proyectos de seguridad industrial (Análisis de puestos de trabajo)

Se tienen que considerar todas las áreas de trabajo, entendiendo como tal todas las instalaciones comprendidas en el recinto propiedad de una empresa y/o establecimiento al que cualquier trabajador propio o ajeno tenga acceso durante la jornada laboral.

Las áreas de trabajo deben enfocarse desde el proyecto de las instalaciones, donde se tendrán en cuenta dos puntos eminentemente diferenciados:
- Seguridad estructural.
- Seguridad en planificación.

Consideraciones previas

Ubicación del centro y dependencias de trabajo.

Edificios y locales necesarios.

Instalaciones generales.

Proceso productivo.

Materiales empleados.

Residuos generados y su tratamiento.

Equipos y elementos de producción.

Métodos y procedimientos de trabajo.

Aspectos Claves

Cumplimiento reglamentaciones vigentes.

Previsión y delimitación de zonas de paso.

Previsión de zonas de localización de productos.

Previsión de áreas de almacenamiento.

Aislamiento de procesos y operaciones peligrosas.

Diseño adecuado de lugares de trabajo.

Diseño ergonómico y seguro de puestos de trabajo.

La normalización

La normalización es una actividad mediante la cual fabricantes, consumidores, usuarios, administración, entre otros, establecen un acuerdo voluntario que se plasma en un documento técnico, o norma, en el que se definen las características técnicas que debe reunir un material, producto, servicio o sistema para garantizar su seguridad, su aptitud a la función o su compatibilidad con los otros productos, servicios o sistemas.

La normalización ayuda a unificar criterios, consiguiendo una serie de ventajas, entre las que destacan:

Promover el entendimiento mutuo.

Incrementar la seguridad de los productos.

Aumentar la confianza de los consumidores.

Ayudar a los fabricantes a cumplir la legislación.

Fomentar la competitividad.

Armonizar el mercado.

Facilitar el comercio eliminado obstáculos.

Promover la seguridad y sostenibilidad.

Salvaguardar el medio ambiente.

Organismos de Normalización

Las normas derivadas de la normalización deben ser precisas, evitando tomar soluciones imprevistas.

Las normas pueden ser voluntarias o de obligado cumplimiento, como las normas propias de la empresa, o las citadas en disposiciones legales.

Beneficios de la Normalización

Para los Fabricantes:

- Facilita el uso racional de los recursos
- Reduce desperdicios y rechazos.
- Disminuye el volumen de existencias en almacén y los costos de producción.
- Racionaliza variedades y tipos de productos.
- Mejora la gestión y el diseño.
- Facilita la comercialización de los productos y su exportación.
- Simplifica la gestión de compras.

- Facilita una sana competencia.

Para los Compradores:

- Establece niveles de calidad y seguridad de los productos y servicios.
- Facilita la información de las características del producto.
- Facilita la formación de pedidos.
- Permite la comparación entre diferentes productos.

Para el País:

- Simplifica la elaboración de textos legales.
- Facilita el establecimiento de políticas de calidad, medioambientales y de seguridad.
- Mejora la calidad y aumenta la productividad.
- Facilita las ventas en los mercados internacionales.
- Mejora la economía en general.
- Previene las barreras comerciales.

Los temas a normalizar son tan amplios como la propia diversidad de productos o servicios.

La normalización cubre cualquier material, componente, equipo, sistema, interfaz, protocolo, procedimiento, función, método o actividad.

Tipos de Normas

Normas Regionales

Normas que han sido elaboradas en el marco de un organismo de normalización regional, normalmente de ámbito continental, que agrupa a un determinado número de organismos nacionales de normalización.

Ejemplos de organismos de normalización regional son:

1. COPANT a nivel latinoamericano.

2. CEN, CENELEC y ETSI en el ámbito europeo.

3. ARSO a nivel de África.

Normas Internacionales

Normas que han sido elaboradas por un organismo internacional de normalización. Las más representativas, por su campo de actividad, son:

ISO (Organización Internacional para la Normalización).

IEC (Comité Electrotécnico Internacional).

ITU (Unión Internacional de Telecomunicaciones).

Normas de terminología

Normas referidas a términos, que usualmente están acompañados por sus definiciones y, algunas veces, por notas explicativas, ilustraciones, ejemplos u otros.

Normas de Ensayo

Normas referidas a métodos de ensayo, algunas veces completadas por otras disposiciones relativas a los ensayos, tales como el muestreo, uso de métodos estadísticos, secuencias de ensayo.

Normas de Producto

Normas que especifican los requisitos que deben cumplir un producto, o grupo de productos, para establecer su aptitud para el uso.

Normas de Servicios

Normas que especifican los requisitos que debe cumplir un servicio para establecer su aptitud para el uso.

La Normalización en los Países

La actividad de Normalización, en la mayoría de los países, se ejecuta a semejanza de lo establecido por la Organización Internacional para la Normalización, ISO.

Se desarrolla a través de Comités Técnicos estratégicos, como son: Construcción; Petróleo, gas y sus derivados; Automotriz; Higiene, seguridad y protección; Materiales ferrosos; Productos alimenticios; Electricidad y electrónica; Química; Metrología; Documentación y ciencias de la información; Envases y embalajes; Mecánica; Gestión de la calidad y Gestión Ambiental, entre otros y de Comisiones Técnicas como son: Transporte; Farmacia, Cosméticos y afines; Materiales refractarios y Servicios, entre otros.

En ellos, sin ningún tipo de discriminación y sobre la base del consenso, participan el sector oficial, el sector industrial, los institutos de investigación, las universidades, los consumidores y usuarios, los comerciantes y, en general, todo aquel que esté interesado en el proceso de elaboración de normas.

Protección colectiva e individual de los trabajadores

Protección Colectiva

La protección colectiva se podría definir como un elemento de seguridad que protege simultáneamente a varios trabajadores. También se podría definir como un elemento de protección que sirve para proteger a cualquier trabajador, sin la necesidad de que este realice tipo alguno de operación.

Las medidas de prevención indican que hay que anteponer la protección colectiva a la individual. La mayoría de las protecciones colectivas evitan el riesgo; otras solo lo controlan, evitando la lesión después de materializarse el riesgo.

Equipos de Protección Colectiva más Habituales

- Instalación de puesta a tierra.
- Interruptor automático diferencial.
- Barandilla.
- Una red.

- Un resguardo.
- Pórtico de seguridad de una carretilla elevadora.
- Pantalla de protección instalada en una máquina, ante proyecciones.
- Aspiración localizada.
- Biombo rodeando un puesto de soldadura.
- Limitador instalado en una grúa.

Protección Individual

"Cualquier equipo destinado a ser llevado o sujetado por el trabajador para que lo proteja de uno o varios riesgos que puedan amenazar su seguridad o su salud, así como cualquier complemento o accesorio destinado a tal fin" (RD 773/1997).

Cuando existan riesgos que no puedan evitarse, eliminarse o controlarse con medios de protección colectiva o con medidas organizativas, se acudirá al uso de Equipos de Protección Individual (EPI).

Se excluyen, dentro de la definición de EPI:

- Ropa de trabajo corriente y uniformes que no estén específicamente destinados a proteger la integridad física del trabajador.
- Equipos de socorro y salvamento.
- Equipos de protección individual para militares, policías y personal de mantenimiento del orden.
- Equipos de protección individual de los medios de transporte por carretera.
- Material de deporte.
- Material de autodefensa.
- Aparatos portátiles para la detección y señalización de riesgos y de factores de molestia.

Situaciones en las que se debe usar Protección Individual

- Si, después de la evaluación de un determinado riesgo, se comprueba que las medidas técnicas y organizativas posibles

no garantizan evitar el riesgo, se complementarán mediante la utilización de EPI.}
- Cuando la implantación de las medidas de tipo técnico y organizativo requiera de un cierto tiempo.
- Como medida transitoria y hasta que dicha implantación se lleve a cabo con plena eficacia.
- Siempre y cuando el trabajador implicado no se encuentre ante situaciones de riesgo grave e inminente.
- En situaciones para las cuales no existan soluciones técnicas razonables ni de otro tipo que permitan resolver el problema.
- Hasta que el progreso de la técnica lo permita.
- Situaciones de mantenimiento, reparación de averías y transformación de equipos; al ser situaciones o condiciones de trabajo frecuentemente imprevisibles, y en las que los sistemas de protección pueden estar anulados.

Mapa de riesgos

Se entiende como mapa de riesgo, desde la prevención y protección del ambiente de trabajo, aquella forma de obtener una información sobre los riesgos laborales de un ámbito geográfico determinado (empresa, estado, región y otros) que permita la localización y valoración de los mismos, así como el conocimiento de la exposición a que están sometidos los distintos grupos de trabajadores afectados por ellos.

Dicha información deberá ser sistemática y actualizable, para una monitorización continua y actualización constante del mapa de riesgos. No debe interpretarse como una actividad puntual, sino más bien orientarse al tratamiento y análisis de datos que permitan una adecuada orientación de las actividades preventivas posteriores.

Equipo de protección personal o individual EPP/EPI

Las labores de los Técnicos en Prevención de riesgos laborales representan altos riesgos, tanto para accidentes laborales, como para enfermedades ocupacionales. La actividad de este grupo de trabajadores se desarrolla en condiciones de especial peligrosidad, y requiere una adecuada formación física, mental y psicosocial.

Podemos mencionar algunos pocos como riesgos de caídas, desplomes de objetos, pisadas sobre explosivos, exposición a contactos eléctricos, temperaturas ambientales extremas, compuestos químicos y agentes biológicos, como la hepatitis, el síndrome de inmunodeficiencia adquirida, el tétanos, los accidentes causados por seres vivos, estrés postraumático que se origina como consecuencia de la experimentación repetida de sucesos traumáticos, durante el trabajo diario, entre otros. En este sentido, antes de elegir un equipo de protección personal (EPP / EPI), se debe hacer un análisis sobre los riesgos laborales a los que se puede estar expuesto.

Estos equipos pueden utilizarse eficazmente, si previamente se elabora un plan o programa de protección personal, con el fin de garantizar una protección adecuada para las condiciones previstas.

En este capítulo, se desarrolla lo concerniente a la normativa sobre el marcaje y clasificación de los Equipos de Protección Personal o Individual (EPP), a partir del sistema de etiquetado CE (Conforme a la Exigencia; a través del cual, los fabricantes aseguran las garantías mínimas de calidad de los equipos).

Además, dicha categoría varía según el grado de exposición y la parte del cuerpo a proteger. Cabe destacar que el sistema CE es conocido como referente internacional.

Definición de Equipo de protección personal o individual EPP/EPI

Se denomina EPP/EPI, al conjunto de equipos destinados a dar garantía de la integridad física del trabajador, a través de la reducción del grado de exposición. Es importante destacar que estos equipos no reducen el "riesgo o el peligro", solo protegen al individuo del ambiente y del grado de exposición al mismo.

Objetivos

La principal función en la gerencia de seguridad integral, es la preventiva. Partiendo de ese punto, es necesario establecer que, antes de iniciar la actividad laboral se debe tomar una serie de consideraciones previas...

Esta prevención de riesgo, enfocada a reducir la probabilidad de sufrir algún tipo de lesión, y aplicada al trabajador como elemento de barrera, entre el agente o sus partes y el técnico de emergencias, tiene los siguientes objetivos:

- Proteger al trabajador de los agentes del medio ambiente de trabajo que puedan alterar su salud y vida.
- Establecer los lineamientos para el requerimiento, uso, limpieza, mantenimiento, limitaciones, almacenamientos y reemplazo del equipo de protección personal.

Responsabilidades

Cualquier persona que, por la naturaleza de su trabajo, requiera utilizar un Equipo de Protección Personal o individual tiene la obligación de:

- Usar EPP o EPI que esté a su disposición.
- Participar y poner en práctica la capacitación específica recibida.
- Cumplir con los programas de limpieza y mantenimiento establecidos.

Esta responsabilidad es indiferente al factor remuneración del trabajo o labor que se realiza. Es decir, tanto si se presta un servicio de forma contractual, como si se presenta de forma voluntaria; a lo largo de toda la actuación, se deben cumplir las normas.

Categorías

La clasificación de los equipos, dentro del sistema de marcaje, conforme a la exigencia, se realiza en función de los riesgos a tener en cuenta; siendo clasificados en tres grandes grupos: menores, intermedios y mortales. Para ello, se describe el proceso de certificación correspondiente:

Menores

Son EPI de diseño sencillo. Están destinados a proteger al usuario contra riesgos mínimos, cuya presencia pueda ser percibida a tiempo, graduada y no representar peligro para el usuario.

Pertenecen a esta categoría los que protegen contra:

- Las agresiones mecánicas superficiales.
- Los productos de mantenimiento poco nocivos.
- Temperaturas no superiores a los 50°C.
- Los agentes atmosféricos no excepcionales o extremos.
- Los pequeños choques o vibraciones.
- La radiación solar.

Las directivas son una serie de normativas de derecho Comunitario del Consejo de Europa que intenta regular la legislación de sus países miembros, sobre la consecución de resultados y objetivos, en un tiempo determinado.

La directiva 89/686/CEE es una indicación especifica esta categoría: *"Aquellos EPIS, que por su diseño sencillo puede el usuario juzgar por sí mismo su eficacia contra riesgos mínimos cuyos efectos, cuando son graduales, pueden ser percibidos a*

tiempo y sin peligro por el usuario (...)".

Intermedios

Son EPI de diseño medio. Protegen contra algo en concreto y no pertenecen a los de diseño sencillo, ni a los complejos.

Con estos EPIS, el fabricante dispone de una documentación técnica del producto, y debe realizar, con un laboratorio, un examen "CE de tipo". Después de la obtención del certificado CE de conformidad expedido por el organismo, el fabricante, o su mandatario, establece una declaración CE de tipo para "riesgos intermedios".

Algunos ejemplos en esta categoría:

- Equipos de protección específica de manos y/o brazos.
- Equipos de protección específica de pies y/o piernas.
- Todos los cascos.

- Todos los equipos de protección total o parcial del rostro.

Mortales

Son de diseño complejo. Protegen al usuario del peligro mortal, o del que pueda afectar seriamente su salud sin que se pueda descubrir a tiempo su efecto inmediato.

En esta categoría entran los equipos siguientes:

- Los equipos de protección respiratoria filtrantes contra aerosoles y aislantes de la atmósfera.
- Los que ofrecen protección limitada contra agresiones químicas o radiaciones ionizantes.
- De intervención en ambientes cálidos con una temperatura igual o superior a 100 °C y eambientesfríosconunatemperaturaigualomenora-50 °C
- Los que protegen contra las caídas desde una altura y riesgos eléctricos.

La directiva 89/686/CEE especifica esta categoría de la siguiente manera: *"EPI de diseño complejo destinados a proteger el usuario de todo peligro mortal o que pueda dañar gravemente y de forma irreversible la salud, cuyo efecto inmediato no se pueda descubrir a tiempo, según el proyectista (...)".*

Además de la documentación técnica y del examen CE de tipo, los "EPIS" están sometidos al sistema de garantía de calidad "CE" del producto final, o sistema de garantía de calidad de la producción con vigilancia.

Selección de los EPI´s

De acuerdo con las necesidades, los riesgos intrínsecos de las actividades y las partes del cuerpo a ser protegidas, la persona responsable de la actividad (a nivel privado: el empresario o empleador) debe asegurarse de:

- Que los riesgos existentes, posteriores al análisis, no puedan controlarse o evitarse de forma suficiente por otros medios.
- Detallar las condiciones y características mínimas que debe cumplir el equipo para

ofrecer la protección adecuada, así como los factores a tener en cuenta del propio equipo, según la naturaleza y magnitud del riesgo.
- Que el equipo, según el manual del fabricante, cumple con las disposiciones correspondientes, en función del riesgo a proteger.

Corolario

En la función de prevención y protección en el ambiente de trabajo fundamentada en la información proporcionada durante el desarrollo de este capítulo, se hace evidente:

1. La necesaria aplicación de medidas dirigida a todos los niveles, en donde siempre el elemento que realiza la actividad representado por la figura del trabajador o trabajadora como individuo protagonista del proceso productivo en la evaluación adecuada del riesgo.

2. Comprender los puntos característicos que le convierten en un ser vulnerable ante posibles hechos que le perjudiquen en lo inmediato (como un accidente laboral) o a mediano y largo plazo (como una enfermedad profesional).

3. Resaltar la importancia de usar de forma adecuada las medidas de protección colectiva e individual en las diversas fases de la gestión de la prevención de riesgos

laborales, partiendo de la amplitud de escenarios y actividades, y, consecutivamente, las garantías de la empresa, el empleador y los trabajadores en plasmar, de forma gráfica, en un mapa de riesgo, todos los agentes de riesgo como la medida más acertada para su gestión.

4. La acción preventiva debe ser lo suficientemente amplia, abarcando desde lo general a lo especifico, y, a su vez, plasmando en el manual de operaciones o instructivo del puesto de trabajo de cada individuo, las medidas preventivas anteriormente descritas

El uso de equipos de protección personal forma parte esencial de las estrategias de reducción de riesgos, es por ello que es importante:

1. Todos los participantes de la actividad laboral tengan conocimiento de los diversos riesgos a los que se encuentran expuestos.

2. Muchas veces, el fenómeno de la "visión de túnel" hace que los trabajadores se concentren

solo en la función asignada; como consecuencia, realizan actividades o se presentan ante condiciones subestándar (inseguras), constituyéndose vulnerables frente a los agentes de riesgo.

3. En el mismo sentido, los trabajadores deben hacer la evaluación objetiva del riesgo al que se exponen, tanto de forma individual como grupal.

4. En ocasiones trabajar con todo el equipo de protección personal puede ser incomodo, pero es mejor acostumbrarse que exponerse al riesgo, y con ello aumentar la probabilidad de que ocurra un accidente.

5. De igual manera, se debe destacar la importancia del mantenimiento preventivo, predictivo, correctivo y la sustitución de las partes o totalidad del equipo.

6. Por último, se debe multiplicar esta información y no ser permisivo con la omisión de las normas.

PARA RECORDAR

La acción preventiva debe estar integrada en la empresa mediante un plan de prevención de riesgos.

La Prevención Integral **reduce los riesgos y las lesiones de los trabajadores.**

La Prevención, según en el tipo de actividad, debe tener principalmente en consideración: La descripción de la actividad; la maquinaria y equipamientos. y el diseño de las instalaciones.

Los Proyectos de seguridad industrial **consideran todas las instalaciones comprendidas en el recinto de una empresa y/o establecimiento al que cualquier trabajador propio o ajeno tenga acceso durante la jornada laboral.**

Las áreas de trabajo deben enfocarse desde el proyecto de las instalaciones, teniendo en cuenta la **seguridad estructural y en planificación.**

La normalización es una actividad mediante la cual los fabricantes, los consumidores o usuarios y las administraciones establecen un acuerdo voluntario que se plasma en un documento técnico, o norma.

En la normalización, se definen las características técnicas que deben reunir **los materiales, productos y los servicios o sistemas** para garantizar su seguridad, su aptitud a la función o su compatibilidad

Las normas derivadas de la normalización deben ser precisas, evitando tomar soluciones imprevistas. Estas pueden ser v**oluntarias o de obligado cumplimiento.**

Los beneficios de la Normalización aplican para los fabricantes, los Compradores y el País que las ponga en vigencia.

La protección colectiva sirve para proteger a cualquier trabajador, sin necesidad de que este realice algún tipo de operación.

Las medidas de prevención indican que h**ay que anteponer la protección colectiva a la individual.**

Los accidentes de trabajo **Se producen de forma imprevista y se caracterizan por las lesiones que provocan a los trabajadores.**

En Prevención de Riesgos Laborales, se denomina EPI'S o EPP a **los Equipos de Protección Individual.**

Una protección se denomina colectiva cuando **protege a todos los trabajadores.**

La implantación de Equipos de Protección Personal como medida preventiva en una actividad laboral se deberá realizar cuando: **No podamos de ninguna otra manera eliminar o controlar el riesgo.**

La Evaluación del riesgo se lleva a cabo de **forma continua.**

La utilización de E.P.P. se justifica cuando **existe un riesgo residual tras haber instalado una protección colectiva.**

El tipo de protección ofrecida deberá ser el adecuado al trabajo que se está realizando y deberá cumplir los siguientes requisitos:
- Proporcionar máximo confort y su peso debe ser el mínimo compatible con la eficiencia en la protección.
- Ser elaborado con materiales y componentes que no afecten adversamente al usuario.
- Poderse desinfectar y limpiar, salvo que sea desechable.

Los Equipos de Protección personal son la vestimenta especial que se utiliza para proteger a una persona de los riesgos presentes en el área de trabajo. Esto va en función a:
- Al tipo de riesgo al que está expuesto el individuo durante el desempeño de su actividad normal de trabajo.
- Frecuencia de la exposición.
- Riesgos múltiples existentes y compatibilidad de los E.P.P. a utilizar.

CAPITULO 4

PROGRAMAS DE PREVENCIÓN Y PLANES DE EMERGENCIA

Definición de emergencia

Fases de la emergencia

Brigadas de emergencia

Plan de Emergencia

Corolario

Para recordar

PROGRAMAS DE PREVENCIÓN Y PLANES DE EMERGENCIA

Los programas de prevención, con respecto a las situaciones de riesgos que pudieran dar origen a una emergencia, consisten en estimar y prever con medios y recursos suficientes y por encima de lo esperado la gestión de las mismas. Con esto se hace referencia a que, partiendo de la evaluación de riesgos, se pueden analizar factores que al no ser estimados de la forma adecuada tienen alta probabilidad de generar pérdidas y daños; tanto en las instalaciones de la empresa como en sus adyacencias.

El énfasis de todo plan de emergencia va a ser el preventivo. Sin embargo, hay que tener en cuenta que el sólo enfoque de la prevención pudiera ser insuficiente, ya que como se expone en el siguiente capítulo este solo representa una de las fases de la emergencia; evidenciando la necesidad como eje combinado y conjunto dentro de la acción preventiva atender la emergencia desde la gestión de riesgo, es decir, sus posibles consecuencias.

En este sentido, el plan de emergencias interior debe estar vinculado al plan de respuesta de la comunidad, en donde la empresa tiene su actividad productiva: debiendo considerarse los riesgos, tanto intrínsecos como extrínsecos, de esta simbiosis.

Emergencias

Alteraciones en las personas, bienes, servicios y ambiente causadas por un evento natural o generado por la actividad humana que no excede la capacidad de respuesta de la comunidad afectada.

Origen

- *Socionaturales*

Peligro potencial asociado con la probable ocurrencia de fenómenos físicos cuya existencia, intensidad o recurrencia se relaciona con procesos de degradación ambiental o de intervención humana en los ecosistemas naturales.

- *Tecnológicos*

Peligro potencial generado por la actividad humana relacionado con el acceso o uso de la tecnología, percibidos como eventos controlables por el hombre o que son fruto de su actividad.

Magnitud
- Incidente.
- Accidente.
- Desastre.
- Catástrofe.

Impacto
- *Nivel I*

    Respuesta local.
- *Nivel II*

    Sobrepasa el nivel de respuesta local y es asumida por la región o estado.
- *Nivel III*

    Sobrepasa el nivel de respuesta regional y estadal y es asumida por gobierno nacional.
- *Nivel IV*

    Sobrepasa el nivel de respuesta nacional, sigue siendo asumida por el gobierno nacional y con apoyo de organismos internacionales.

Fases de la emergencia

Mitigación

Es toda acción orientada a disminuir el impacto de un evento generador de daños en la población y en la economía.

Preparación

Conjunto de medidas y acciones llevadas a efecto para reducir al mínimo la pérdida de vidas humanas y otros daños, organizando oportuna y eficazmente la respuesta y la rehabilitación.

Prevención

Conjunto de medidas cuyo objeto es impedir o evitar que eventos naturales o generados por la actividad humana causen daños, emergencias o desastres.

Reconstrucción

Proceso de reparación, a mediano y largo plazo, del daño físico, social y económico, a un nivel de desarrollo que asegure su sustentabilidad.

Rehabilitación

Reconstrucción a corto plazo de los servicios básicos e inicio de la reparación del daño físico, social y económico como consecuencia de una emergencia o un desastre.

Respuesta

Ejecución de las acciones previstas en la etapa de preparación y que, en algunos casos, ya han sido antecedidas por actividades de alistamiento y movilización, motivadas por la declaración de diferentes estados de alerta. Corresponde a la reacción inmediata para la atención oportuna de la población.

Etapas

- Antes.
- Durante.
- Después.

Brigadas de emergencia

Los integrantes de equipos de emergencia son personas entrenadas y organizadas para actuar frente a escenarios de emergencia, para lo cual deben tener la información necesaria del riesgo de la actividad, conocer los medios que existen, combatir el fuego, entre otros.

Serán responsables de combatir dichas emergencias de manera preventiva o ante eventualidades de un alto riesgo, emergencia, siniestro o desastre, dentro de una empresa, industria o establecimiento y cuya función está orientada a salvaguardar a las personas, sus bienes y el entorno de los mismos.

- EAE Evacuación y alarma.
- EPI primera intervención.
- ESI segunda intervención.
- EPA Primeros auxilios.

Plan de Emergencia

El empresario, teniendo en cuenta el tamaño y la actividad de la empresa, deberá analizar las posibles situaciones de emergencia y adoptar las medidas necesarias en materia de primeros auxilios, lucha contra incendios y evacuación de los trabajadores, designando personal.

Objetivos
- Salvaguardar la vida de las personas.
- Proteger los bienes y el medio ambiente.
- Establecer la organización para el control de emergencias.
- Integrar los recursos humanos y materiales para la prevención y control de emergencias.
- Aplicar la legislación y normativa vigente en cuanto al manejo y prevención de emergencias.

Beneficios y ventajas
- Ayuda a cumplir con la responsabilidad legal y moral de proteger a las personas, a la comunidad y al ambiente.
- Facilita el cumplimiento de las leyes y normativas al respecto.
- Aumento de la capacidad de recuperación, sobre pérdidas o daños.

Simulacros

Son la representación y ejecución de respuestas de protección realizadas por un conjunto de personas ante la presencia de una situación de emergencia ficticia. En ellos, se simulan diferentes escenarios, lo más cercano a la realidad, con el fin de probar y preparar una respuesta eficaz ante posibles situaciones reales de desastre.

Etapas

1. Integración del equipo de trabajo.
2. Motivación y sensibilización.
3. Diagnóstico de vulnerabilidad.
4. Planeación con base en el diagnóstico.
5. Capacitación de brigadas.
6. Organización.
7. Puesta a prueba del Simulacro.
8. Evaluación de ejercicio de simulaciones y simulacro.

Principios

1. Debe responder a los propósitos establecidos en el Plan de Emergencia.

2. Debe ser ejecutable por medio de técnicas conocidas, personal entrenado y equipado dentro de un plazo aceptable.

3. No poner en riesgo a la comunidad y los grupos de respuesta que intervienen en él.

4. Realizado en circunstancias lo más cercano a la realidad.

5. Observar el debido control y ejercicio de las variables en el simulacro, a fin de no perturbar las actividades normales de la comunidad circundante.

Plan de Emergencias Interior (PEI) y Plan de Emergencia Exterior (PEE)

Toda actividad que por su naturaleza derive en un plan de emergencia que pueda suponer una coordinación entre organismos externos, como son los órganos de Seguridad Ciudadana, debe reflejar la forma de vincular su plan de emergencias interior con la respuesta local que supone el plan de emergencia exterior. Esta situación se relaciona con los niveles de impacto de la emergencia descritos anteriormente.

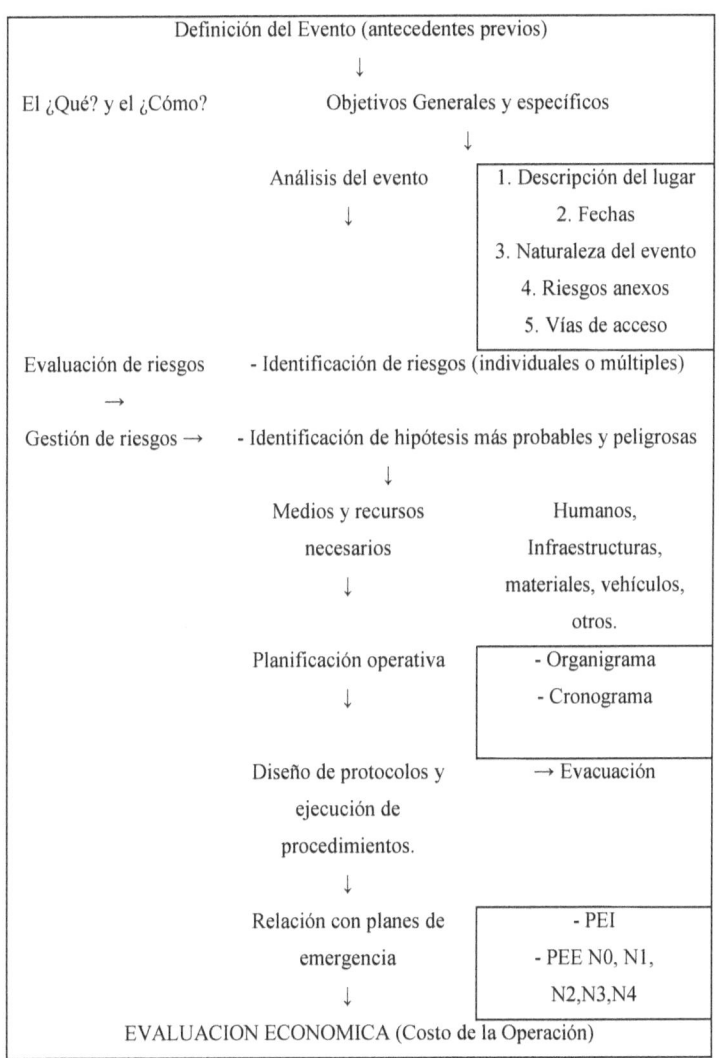

Figura 1: Integración del PEI y el PEE

Corolario

El desarrollo de este capítulo nos ha ayudado a comprender la importancia de una adecuada gestión del riesgo, en lo que se refiere a la prevención de riesgos laborales analizando previamente sus consecuencias, ya debemos ser capaces de forma automática de:

1. Inferir que además de que cada proceso y desempeño de tareas en los puestos de trabajos tienen un enfoque único y diferente, a su vez se interrelacionan entre sí.

2. Determinar que a consecuencia de un fallo de uno de estos eslabones, la cadena de sucesos podría traer consecuencias como daños y pérdidas desde lo más mínimo, como los incidentes, hasta de origen catastrófico, como ya ha pasado antes.

3. Resaltar la importancia de la articulación de la empresa, en

materia de gestión de riesgos, y de seguridad integral con la comunidad; con el fin de proporcionar la adecuada y oportuna respuesta a estas situaciones que requieren el apoyo externo de las instituciones adecuadas.

4. La gestión del riesgo se encuentra también enmarcada, dentro del concepto de la responsabilidad corporativa, el aportar tanto a los trabajadores como a la comunidad algún beneficio que se traduzca en refuerzo positivo y compromiso con los bienes de la empresa.

PARA RECORDAR

El peligro potencial asociado con la probable ocurrencia de fenómenos físicos, cuya existencia, intensidad o recurrencia se relaciona con procesos de degradación ambiental o de intervención humana en los ecosistemas naturales, son los denominados **riesgos socionaturales.**

El peligro potencial generado por la actividad humana, relacionado con el acceso o uso de la tecnología, percibidos como eventos controlables por el hombre o que son fruto de su actividad, son los denominados **riesgos tecnológicos.**

La preparación son el conjunto de medidas y acciones llevadas a efecto para reducir al mínimo la pérdida de vidas humanas y otros daños, organizando oportuna y eficazmente la respuesta y la rehabilitación.

Los integrantes de equipos de emergencia son **personas con información necesaria del riesgo de la actividad.**

El empresario debe analizar las posibles situaciones de emergencia y adoptar las medidas necesarias en materia de primeros auxilios, lucha contra incendios y evacuación de los trabajadores.

En el plan de emergencias, el aumento de la capacidad de recuperación sobre pérdidas o daños hace referencia a **Beneficios y ventajas.**

CAPITULO 5

PLAN DE AUTOPROTECCION

Contenido de los planes de autoprotección

Características de la implantación

Norma ISO 22320 Sistemas de Gestión de emergencias

Corolario

Para recordar

PLAN DE AUTOPROTECCION

Aunque para efectos de este capítulo hacemos énfasis en la autoprotección desde un punto de vista organizacional y empresarial, los fundamentos de la autoprotección son las medidas de prevención, donde los protagonistas son los ciudadanos, los bienes y el medio ambiente.

La prevención, entendida como el conjunto de medidas y acciones encaminadas a evitar o mitigar los posibles impactos adversos de los riesgos y amenazas, es uno de los fines prioritarios del Sistema Nacional de Protección Civil. En materia de autoprotección, se materializa a través de los Planes de Autoprotección.

Establecer diferencias entre el plan de emergencia y plan de autoprotección va mas allá del establecimiento de responsabilidades de organizaciones y las disposiciones legales, en muchos países existe un enfoque destinado a hacer esta separación como la perspectiva de la gestión de emergencias desde el marco normativo prevención y otra que actúa directamente sobre las consecuencias denominada gestión de riesgos,

En España nos encontramos la definición del Plan de Emergencias por la Ley de Prevención de Riesgos Laborales en su artículo 20 que expone:

"el empresario teniendo en cuenta el tamaño y la actividad de la empresa así como la posible presencia de personas ajenas a la misma, deberá: analizar las situaciones de emergencia; Adoptar las medidas necesarias en materia de primeros auxilios, lucha contra incendios y evacuación de los trabajadores; Designar al personal encargado de poner en práctica estas medidas, el cual deberá ser formado; Y comprobar periódicamente el correcto funcionamiento de dicho plan."

En el mismo sentido, el Real Decreto 393/2007, por el que se aprueba la Norma Básica de Autoprotección, expone:

"el titular de la actividad deberá: elaborar el Plan de Autoprotección de acuerdo con el contenido mínimo especificado en el anexo II; desarrollar las actuaciones para la implantación y mantenimiento de

la eficacia del Plan e informar y formar al personal."

Este real decreto como va dirigido como bien dice el titulo de la norma a ***"los centros, establecimientos y dependencias dedicados a actividades que puedan dar origen a situaciones de emergencia"***, lo que nos lleva a inferir claramente la adopción del término gestión de riesgo, que como hemos aclarado anteriormente, adopción de medidas desde sus posibles consecuencias.

Otras de las diferencias que se pueden destacar, es que en la elaboración de un Plan de Autoprotección, hay que seguir el contenido regulado en el Real Decreto 393/2007, el cual debe estar paginado, convirtiéndose este en un documento de articulación y enlace estandarizado, facilitando la activación del Plan de Emergencia Exterior y por ende, el Plan de Emergencia Interior constituye una de las partes incluidas dentro del plan de autoprotección.

Las medidas de autoprotección se definen como el conjunto de acciones encaminadas a la protección, realizadas por uno mismo, para sí mismo. En este sentido, las personas deben adoptar un conjunto de acciones enfocadas a convivir con los riesgos existentes, evitar generar nuevos factores y exponerse a ellos; tanto los ciudadanos como las administraciones públicas, se encuentran obligados a asumir estas medidas como se indica en la Ley del Sistema Nacional de Protección Civil.

Autoprotección ciudadana ↓ Hace referencia a los ciudadanos y a su entorno	- Autoprotección individual. - Autoprotección familiar. - Autoprotección de la Comunidad.
Autoprotección corporativa: ↓ Estos planes se adoptan con el sistema público de Protección Civil.	Se aplican en entidades públicas y privadas: - Prevención y control de riesgos. - Respuesta a emergencias. - Coordinación de las acciones

Figura 1: Tipos de Autoprotección

El Real Decreto 393/2007 expone:

"El Plan de Autoprotección es el documento que establece el marco orgánico y funcional previsto para un centro, establecimiento, espacio, instalación o dependencia, con el objeto de prevenir y controlar los riesgos sobre las personas y los bienes y dar respuesta adecuada a las posibles situaciones de emergencia, en la zona bajo responsabilidad del titular de la actividad, garantizando la integración de éstas actuaciones con el sistema público de protección civil"

Los criterios establecidos para la adopción de esta norma por los diferentes ámbitos de competencia:

- Aforo y ocupación.
- Vulnerabilidad.
- Carga de fuego.
- Cantidad de sustancias peligrosas.
- Condiciones físicas de accesibilidad de los servicios de rescate y salvamento.

- Tiempo de respuesta de los servicios de rescate y salvamento.

- Posibilidad de efecto dominó y daños al exterior.

- Condiciones del entorno.

- Otras condiciones que pudieran contribuir al riesgo.

Contenido de los Planes:

1. Identificación de los titulares y del emplazamiento de la actividad.}

2. Descripción detallada de la actividad y del medio físico en el que se desarrolla.

3. Inventario, análisis y evaluación de riesgos.

4. Inventario y descripción de las medidas y medios de autoprotección.

5. Programa de mantenimiento de instalaciones.

6. Plan de actuación ante emergencias.

7. Integración del plan de autoprotección en otros de ámbito superior.

8. Implantación del plan de autoprotección.

9. Mantenimiento de la eficacia y actualización del plan de autoprotección.

Anexos.

Anexo I. Directorio de comunicación.

Anexo II. Formularios para la gestión de emergencias.

Anexo III. Planos.

Características de la Implantación:

Formación dirigida a todo el personal

Formación dirigida al Personal de Emergencia

Formación práctica del manejo de los medios de extinción.

Simulacros de emergencia y evacuación

Diseño de material divulgativo

Actividades con reglamentación sectorial específica

a) Actividades industriales, de almacenamiento y de investigación:

Establecimientos en los que Intervienen Sustancias Peligrosas: Aquellos en los que están presentes sustancias peligrosas en cantidades iguales o superiores a las especificadas en la columna 2 de las partes 1 y 2 del anexo 1 del Real Decreto 1254/1999, de 16 de julio, y el Real Decreto 948/2005 de 29 de julio, que lo modifica por el que se aprueban medidas de control de los riesgos inherentes a los accidentes graves en los que intervienen sustancias peligrosas.

Las actividades de almacenamiento de productos químicos acogidas a las instrucciones

Técnicas complementarias y en las cantidades siguientes:

> ITC APQ-1, de capacidad mayor a 200 m3.
>
> ITC APQ-2, de capacidad mayor a 1 t.
>
> ITC APQ-3, de capacidad mayor a 4 t.
>
> ITC APQ-4, de capacidad mayor a 3 t.
>
> ITC APQ-5, de categoría 4 ó 5.
>
> ITC APQ-6, de capacidad mayor a 500 m3.
>
> ITC APQ-7, de capacidad mayor a 200 m3.
>
> ITC APQ-8, de capacidad mayor a 200 t.

Establecimientos en los que intervienen explosivos: Aquellos regulados en la Orden/Pre/252/2006 de 6 de febrero por la que se actualiza la Instrucción Técnica Complementaria número 10 sobre prevención de accidentes graves del

Reglamento de Explosivos, aprobado por el Real Decreto 230/1998, de 16 de febrero.

Actividades de Gestión de Residuos Peligrosos: Aquellas actividades de Recogida, Almacenamiento,

Valorización o Eliminación de Residuos Peligrosos, de acuerdo con lo establecido en la Ley 10/1998, de 21 de abril, de residuos.

Explotaciones e industrias relacionadas con la minería: Aquellas reguladas por el Real Decreto 863/1985, de 2 de abril, por el que se aprueba el Reglamento General de Normas Básicas de Seguridad Minera y por sus Instrucciones Técnicas Complementarias.

Instalaciones de Utilización Confinada de Organismos Modificados Genéticamente: Las clasificadas como actividades de riesgo alto (tipo 4) en el Real Decreto 178/2004, de 30 de enero, por el que se aprueba el Reglamento General para el desarrollo y ejecución de la Ley 9/2003, de 25 de abril, por la que se establece el régimen jurídico de la utilización confinada, liberación voluntaria y comercialización de organismos modificados genéticamente.

Instalaciones para la Obtención, Transformación, Tratamiento, Almacenamiento y Distribución de Sustancias o Materias Biológicas Peligrosas: Las instalaciones que contengan agentes biológicos del grupo 4, determinados en el Real Decreto 664/1997, de 12 de mayo, sobre la protección de los trabajadores contra los riesgos relacionados con la exposición a agentes biológicos durante el trabajo.

b) Actividades de infraestructuras de transporte:

Túneles. R.D. 635/2006, de 26 de mayo, sobre requisitos mínimos de seguridad en los túneles de carreteras del Estado.

Puertos Comerciales: Los puertos de interés general con uso comercial y sus usos complementarios o auxiliares definidos en la Ley 48/2003, de 26 de noviembre, de régimen económico y de prestación de servicios de los puertos de interés general.

Aeropuertos, aeródromos y demás instalaciones aeroportuarias: Aquellos regulados por la ley 21/2003, de 7 de julio, de Seguridad Aeroportuaria y por la normativa internacional (Normas y Recomendaciones de la Organización de la Aviación Civil Internacional -OACI) y nacional de la Dirección General de Aviación Civil aplicable.

c) Actividades e infraestructuras energéticas:

Instalaciones Nucleares y Radiactivas: Las reguladas por el Real Decreto 1836/1999, de 3 de diciembre, por el que se aprueba el Reglamento sobre Instalaciones Nucleares y Radiactivas.

Infraestructuras Hidráulicas (Presas y Embalses): Las clasificadas como categorías A y B en la Orden, de 12 de marzo de 1996, por la que se aprueba el Reglamento Técnico sobre Seguridad de Presas y Embalses, así como en la Resolución, de 31 de enero de 1995, por la que se dispone la publicación del Acuerdo del Consejo de Ministros por el que se aprueba la Directriz Básica de Planificación de Protección Civil ante el riesgo de Inundaciones.

d) Actividades de espectáculos públicos y recreativos. Lugares, recintos e instalaciones en las que se celebren los eventos regulados por la normativa vigente en materia de Espectáculos Públicos y Actividades Recreativas, siempre que cumplan con las siguientes características:

En espacios cerrados:

Edificios cerrados: Con capacidad o aforo igual o superior a 2000 personas, o con una altura de evacuación igual o superior a 28 m.

Instalaciones cerradas desmontables o de temporada: con capacidad o aforo igual o superior a 2.500 personas.

Al aire libre: En general, aquellas con una capacidad o aforo igual o superior a 20.000 personas.

e) Otras actividades reguladas por normativa sectorial de autoprotección. Aquellas otras actividades desarrolladas en centros, establecimientos, espacios, instalaciones o dependencias o medios análogos sobre los que una normativa sectorial específica establezca obligaciones de autoprotección en los términos definidos en esta Norma Básica de Autoprotección.

2. Actividades sin reglamentación sectorial específica

a) Actividades industriales y de almacenamiento:

Aquellas con una carga de fuego ponderada y corregida igual o superior a 3.200 Mcal/m2 o 13.600 MJ/m2, (riesgo intrínseco alto 8, según la tabla 1.3 del Anexo I del Real Decreto 2267/2004, de 3 de diciembre, por el que aprueba el Reglamento de seguridad contra incendios en los establecimientos industriales) o aquellas en las que estén presentes sustancias peligrosas en cantidades iguales o superiores al 60% de las especificadas en la columna 2 de las partes 1 y 2 del anexo 1 del Real Decreto 1254/1999, de 16 de julio, modificado por el R.D. 948/2005, de 29 de julio, por el que se aprueban medidas de control de los riesgos inherentes a los accidentes graves en los que intervienen sustancias peligrosas.

Instalaciones frigoríficas con líquidos refrigerantes del segundo y tercer grupo cuando superen las cantidades totales empleadas en 3 t.

Establecimientos con instalaciones acogidas a las ITC IP02, IP03 e IP-04 con más de 500 m3.

b) Actividades e infraestructuras de transporte:

Estaciones e Intercambiadores de Transporte Terrestre: Aquellos con una ocupación igual o superior a 1.500 personas.

Líneas Ferroviarias metropolitanas.

Túneles Ferroviarios de longitud igual o superior a 1.000 m.

Autopistas de Peaje.

Áreas de Estacionamiento para el Transporte de Mercancías Peligrosas por Carretera y Ferrocarril.

Puertos comerciales.

c) Actividades e infraestructuras energéticas:

Centros o Instalaciones destinados a la Producción de Energía Eléctrica: Los de potencia nominal igual o superior a 300 MW.

Instalaciones de generación y transformación de energía eléctrica en alta tensión.

d) Actividades sanitarias:

Establecimientos de usos sanitarios en los que se prestan cuidados médicos en régimen de hospitalización y/o tratamiento intensivo o quirúrgico, con una disponibilidad igual o superior a 200 camas.

Cualquier otro establecimiento de uso sanitario que disponga de una altura de evacuación igual o superior a 28 m, o de una ocupación igual o superior a 2.000 personas.

e) Actividades docentes:

Establecimientos de uso docente especialmente destinados a personas discapacitadas físicas o psíquicas o a otras personas que no puedan realizar una evacuación por sus propios medios.

Cualquier otro establecimiento de uso docente siempre que disponga una altura de evacuación igual o superior a 28 m, o de una ocupación igual o superior a 2.000 personas.

f) Actividades residenciales públicas:

Establecimientos de uso residencial público: Aquellos en los que se desarrollan actividades de residencia o centros de día destinados a ancianos, discapacitados físicos o psíquicos, o aquellos en los que habitualmente existan ocupantes que no puedan realizar una evacuación por sus propios medios y que afecte a 100 o más personas.

Cualquier otro establecimiento de uso residencial público siempre que disponga una altura de evacuación igual o superior a 28 m, o de una ocupación igual o superior a 2000 personas.

g) Otras actividades: Aquellas otras actividades desarrolladas en centros, establecimientos, espacios, instalaciones o dependencias o medios análogos que reúnan alguna de las siguientes características:

Todos aquellos edificios que alberguen actividades comerciales, administrativas, de prestación de servicios, o de cualquier otro tipo, siempre que la altura de evacuación del edificio sea igual o superior a 28 m, o bien dispongan de una ocupación igual o superior a 2.000 personas.

Instalaciones cerradas desmontables o de temporada con capacidad igual o superior a 2.500 personas.

Instalaciones de camping con capacidad igual o superior a 2.000 personas.

Todas aquellas actividades desarrolladas al aire libre con un número de asistentes previsto igual o superior a 20.000 personas.

Norma ISO 22320 Sistemas de Gestión de emergencias.

Esta norma establece los requisitos para la respuesta ante incidentes fundamentándose en la detección y ejecución adecuada de avisos, de igual manera su gestión a través de un mando y control sistematizado, una gestión de la información operativa precisa y la articulación los agentes implicados en la respuesta, esto consigue disminuir las posibilidades de error y como fin primordial salvar vidas.

Esta norma, tiene como base la prevención siendo orientado su análisis a la gestión de cualquier incidencia que pudiera derivar en consecuencias tanto para la actividad que se desarrolle, inclusive mayores como afectar el desenvolvimiento normal de una comunidad y sus servicios básicos.

Esta norma tiene tres pilares básicos:

- Una estructura y un proceso de mando y control,
- Definición de procesos para la gestión de la información operativa

- Requisitos para la cooperación y coordinación entre las distintas organizaciones implicadas.

Principales Requisitos

Los principales requisitos de ISO 22320 para un Sistema de Gestión de Emergencias, son:

- Información operacional.
- Mando y Control.
- Cooperación y coordinación.

Sectores de aplicación

Es aplicable a cualquier organización, pública o privada, que participe en la preparación y en la respuesta ante Emergencias. Desde organizaciones dedicadas profesionalmente a gestionar situaciones de emergencias en su día a día: policía, transporte sanitario, servicios sanitarios, protección civil, etc., hasta cualquier organización responsable que esté comprometida con dar una respuesta de forma eficiente y eficaz ante emergencia que pueda darse en su organización con el objeto de minimizar el impacto del incidente y a asegurar su continuidad.

Corolario

Este capítulo destinado a **los planes de autoprotección y los sistemas de gestión de emergencia**, ha sido puesto al final de este libro con la finalidad de asumir los conceptos y elementos fundamentales obtenidos en el desarrollo de los temas anteriores, esto nos permite desde el ámbito preventivo de la gestión de riesgos tener en cuenta **cuatro acciones que deben estar plasmadas en sus documentos**:

1. La **evaluación de riesgos**.

2. Los **medios de protección**, tanto materiales como humanos y su distribución en equipos.

3. **Plan de emergencias**, contemplando las diferentes hipótesis desde la perspectiva de gestión de riesgos, es decir, las consecuencias.

4. La **implantación del plan de autoprotección**, contemplando la formación específica, la divulgación, la

ejecución de simulacros y la revisión continúa del plan.

El plan de autoprotección se constituye como **eje articulador del Sistema de Gestión de emergencias**, iniciándose en la fase de diseño preferiblemente y con la evaluación de riesgos en la organización donde se implanta y el plan exterior.

La implantación de un sistema de Gestión de Emergencias según la norma ISO 22320, tiene como finalidad:

1. Optimizar y desarrollar las capacidades de la organización **para todo tipo de respuestas ante emergencias**.

2. **Establecer procesos de gestión de información** y tratamientos de datos, haciéndolos más confiables y veraces

3. Reducir el arco de distorsión entre las organizaciones implicadas, **facilitando la coordinación y cooperación**.

4. Uso eficiente de los **recursos compartidos**.

PARA RECORDAR

Los fundamentos de la autoprotección son las medidas de prevención, donde **los protagonistas son los ciudadanos, los bienes y el medio ambiente.**

El conjunto de **medidas y acciones encaminadas a evitar o mitigar los posibles impactos adversos de los riesgos y amenazas**, se materializa a través de los Planes de Autoprotección.

El empresario deberá **analizar las situaciones de emergencia y adoptar las medidas necesarias.**

Las personas deben **adoptar un conjunto de acciones enfocadas a convivir con los riesgos existentes, evitar generar nuevos factores y exponerse a ellos.**

La formación, los simulacros y la divulgación son esenciales en la implantación del plan de autoprotección.

Los planes de autoprotección deben tener en cuenta las **características y reglamentación específica de cada secto**r

La Norma ISO 22320 Sistemas de Gestión de emergencias tiene tres pilares básicos:

1. Una estructura y un proceso de mando y control,
2. Definición de procesos para la gestión de la información operativa.
3. Requisitos para la cooperación y coordinación entre las distintas organizaciones implicadas.

Los principales **requisitos de ISO 22320 para un Sistema de Gestión de Emergencias**, son:

1. Información operacional.
2. Mando y Control.
3. Cooperación y coordinación.

Esta norma es aplicable a cualquier organización, pública o privada, que participe en la preparación y en la respuesta ante Emergencias.

En el mismo sentido, aplica para organizaciones dedicadas profesionalmente a gestionar situaciones de emergencias hasta cualquier organización responsable que esté comprometida con dar una respuesta de forma eficiente y eficaz ante emergencia.

BIBLIOGRAFIA

Autores Varios. (2009) Manual para el profesor de Seguridad y salud en el trabajo. INSHT Barcelona. España

FAUSTINO MENENDEZ DIEZ; FLORENTINO FERNANDEZ ZAPICO (2007) Formación superior en prevención de riesgos laborales: parte obligatoria y común, Editorial LEX NOVA, España 2007

HANS-HORTS. K. (2001). Prevención de accidentes de trabajo. Magazine. Revista de la agencia europea para la seguridad y la salud en el trabajo. No 4 Bélgica.

MELIÁ, J.L. (2007). El factor humano en la seguridad laboral. Psicología de la Seguridad y Salud Laboral. Bilbao: Lettera Publicaciones

ROJAS DE NAVA, C. (2001), Seguridad Integral. Aplicaciones, Editorial de la Universidad del Zulia (Ediluz), Maracaibo, Venezuela.

SÁNCHEZ GÓMEZ-MERELO, M. (ed.) (1998) Gestión integrada de servicios y seguridad, E.T. Estudios Técnicos, Madrid.

Ley 31/1995, de 8 de noviembre, de prevención de Riesgos Laborales. España

Real Decreto 773/1997, de 30 de mayo, sobre disposiciones mínimas de seguridad y salud relativas a la utilización por los trabajadores de equipos de protección individual. (España)

Real Decreto 393/2007, de 23 de marzo, por el que se aprueba la Norma Básica de Autoprotección de los centros, establecimientos y dependencias dedicados a actividades que puedan dar origen a situaciones de emergencia. (España)

Ley Orgánica de Prevención, Condiciones y Medio Ambiente de Trabajo (2005). Gaceta Oficial de la Republica Bolivariana de Venezuela, 38.236, Julio 26, 2005.

Ley Orgánica del Trabajo (1997). Gaceta Oficial de la Republica Bolivariana de Venezuela, 5.152 (Extraordinaria), Junio 19, 1997.

Norma ISO 22320. Protección y Seguridad de los ciudadanos. Gestión de emergencias. Requisitos para la respuesta ante incidentes.

www.ingramcontent.com/pod-product-compliance
Lightning Source LLC
Chambersburg PA
CBHW031921240526
45464CB00021B/630